AF232039

LA FRANCE

ET

LE CONGRÈS

FERNAND BOUDEVILLE

LA FRANCE

ET

LE CONGRÈS

LE TRAITÉ DE SAN STEFANO

GUERRE D'ORIENT

Prix : 50 centimes

PARIS

10 MARS 1878

En vente chez les principaux libraires, et rue du Croissant, 16

LA FRANCE ET LE CONGRÈS

LE TRAITÉ DE SAN STEFANO

LA GUERRE EN ORIENT

La paix est signée, à San Stefano, entre la Russie et la Turquie. Quand nous disons la paix, nous nous exprimerions mieux, en disant les préliminaires de la paix; car le vrai traité doit être signé dans quinze jours, à Saint-Pétersbourg, par l'Empereur de Russie. Désormais, la date du 4 mars et le nom de *paix de San Stefano* appartiennent à l'histoire. Ce qui vient de s'accomplir aux portes de Constantinople aura peut-être pour l'avenir des conséquences bien graves; mais, sans vouloir prophétiser ce que notre patriotique sollicitude nous fait prévoir et craindre, nous allons examiner l'importance des faits qui viennent de se passer.

Nos lecteurs ont déjà connaissance, par les dépêches télégraphiques, des conditions auxquelles la paix a été signée. Certes, la Russie a fait des concessions, ou du moins, ce qui est le comble de l'habileté, a paru en faire, car elle a singulièrement rabattu de ses prétentions premières. Mais, tout en ayant l'air d'être généreux et conciliant, le czar, cependant, ne laisse aux Turcs que les yeux pour pleurer, comme on dit. C'est là d'ailleurs l'admirable triomphe de la diplomatie russe qui a su garder tout ce que les armes victorieuses du czar avaient conquis.

Ce qu'on doit en outre le plus remarquer, c'est la facilité avec laquelle les hommes d'État russes ont eu raison du reste de l'Europe, qui se trouve, aujourd'hui, en présence d'un fait accompli et qui ne sait plus que dire, ni que faire.

La remarquable campagne que vient de faire la Russie aura eu cela de particulier, que les généraux se sont montrés à la hauteur de la tâche difficile qu'ils avaient à accomplir, mais qu'aussi ils ont été merveilleusement soutenus et secondés par une diplomatie fine, souple, habile et qui a obtenu sur le terrain diplomatique et politique de plus grands succès, si c'est possible, que les courageux régiments du grand-duc Nicolas.

Bref, la plus grande partie du grand drame oriental est terminée par la paix de San Stefano. Maintenant que le rideau est baissé, nous allons tâcher d'apercevoir, au travers des nuages de fumée de la poudre qui ne se sont pas encore dissipés, ce qui a été fait entre les rives du Danube et du Bosphore, pendant que M. Gambetta invalidait les députés conservateurs, trafiquait avec les titres des petites compagnies de chemins de fer en faillite, pour les revendre plus tard à l'État au prix qu'il lui plaira, et faisait des dîners fins au café Anglais, en compagnie des membres du comité de *Salut public*, autrement dit *comité des Seize !*

Il y a un an, traitant justement cette grave question d'Orient dans un grand journal de province qui occupe une importante place dans la presse départementale, nous disions:... «Les républicains non-seu-
« lement nous isolent en Europe, mais nous mettent
« dans l'impossibilité de nous mêler (diplomatique-
« ment s'entend) de ce qui touche à nos plus chers
« et à nos plus immédiats intérêts; or, il faut que le
« pays sache QUE TOUT CE QUI SERA FAIT SANS NOUS,
« SERA FAIT CONTRE NOUS. »

Voilà ce que nous disions, il y a plus d'un an, et le temps et les événements n'ont fait que nous donner raison. Si l'on veut connaître les sentiments qui animent M. de Bismarck à l'égard de la France, nous recommandons la lecture de ce petit article publié par la *Presse* (journal républicain) :

«L'intention de M. de Bismarck à l'égard de la France et de la Hollande, auxquelles il réserve en Occident le sort que la Russie assigne à la Turquie et à la Roumanie en Orient, peut être ainsi résumée : on ferait la guerre; la Prusse s'étendrait jusqu'à l'Océan; la Belgique s'annexerait l'Artois, la Flandre française, une portion de la Picardie au sud, le Luxembourg à l'est et un lambeau du territoire néerlandais au nord; la Suisse, ou plutôt Genève, aurait le pays de Gex, le Jura et peut-être le cours du Rhône jusqu'à Lyon; l'Italie, la Savoie, une portion du Dauphiné, Nice et Antibes ; on essaiera de séduire l'Espagne, qui ne veut rien jusqu'ici ; enfin, pour mettre l'Allemagne à l'abri des revendications et des revanches, et pour équilibrer ses budgets en déficit, on imposerait aux provinces intérieures de la France une contribution annuelle d'un milliard de francs pendant dix ans, et, pendant dix ans, des garnisons allemandes seraient maintenues dans certaines villes désignées de l'est et du sud-est. »

La *Presse* termine en disant que M. Waddington n'a qu'à fouiller dans la correspondance diplomatique des deux derniers mois pour y trouver les pièces justificatives de ces assertions.

Il convient de remarquer que, depuis quinze jours que cet article a paru, il ne lui a été opposé aucun démenti officiel ni même officieux.

Ceci posé, l'esprit tant soit peu clairvoyant qui examinera ce qui se passe en ce moment autour de nous et qui considérera la situation qui nous est faite en Europe, nous rendra cette justice que nous avons prophétisé juste et que ce que nous avions prévu est arrivé. En effet, voyons ce qui a lieu :

Malgré sa feinte générosité et sa pseudo-modération, la Russie a, par la paix de San Stefano, obtenu tout ce qu'elle désirait. Le testament de Pierre le Grand est, sinon complétement exécuté, du moins sur le point de l'être. La Russie tient à présent dans sa main tout ce qui reste de la Turquie, elle n'a pas pris les cuirassés turcs, c'est vrai; mais, c'est comme si elle les avait; sa puissance est désormais infinie et inattaquable en Orient. Les détroits? mais qui donc lui interdirait maintenant le passage des Dardanelles? ce n'est certainement pas sa vaincue d'hier, peut-être son esclave de demain, la Turquie. Aujourd'hui donc, la domination moscovite, incontestable, indiscutable et souveraine, s'étend de la mer Blanche et de la mer Glaciale à la mer de Marmara et à la Méditerranée. Ce que peut devenir la Russie dans les conditions où elle se trouve placée maintenant est vraiment quelque chose de formidable.

C'est aujourd'hui qu'on commence et qu'on doit commencer à comprendre cette fameuse parole du plus grand génie des temps modernes, Napoléon Ier, disant : « *L'Europe sera un jour républicaine ou cosaque.* »

L'Europe est en train de devenir cosaque.

Nous estimons cependant que les historiens ont mal rapporté les paroles de Napoléon. Il a dit ou a voulu dire certainement : « L'Europe sera un jour *cosaque* pour avoir voulu être *républicaine.* » En effet, sans la République et le 4 Septembre, nous croyons que ce qui vient de se passer n'aurait pu se produire.

Examinons. Voilà donc la Russie aussi grande et aussi forte à elle seule que tout le reste de l'Europe, grâce au traité de San Stefano. — Pour arriver à ce magnifique résultat, la Russie, d'accord avec l'Allemagne, a fait en 1878, pour la Turquie, ce qu'on avait déjà fait, il y a un peu plus de cent ans, en 1772, pour la Pologne. La curée est la même... La victime seule est changée ; et nous voyons les mêmes nations de proie se ruer sur le cadavre de *l'homme qui n'était que malade* hier encore et qui est mort aujourd'hui. Nous avons nommé la Turquie vaincue.

La paix de San Stefano est donc le démembrement de la Turquie, et le partage de ses dépouilles entre l'Autriche, l'Angleterre et la Russie... Quant à l'Allemagne qui semble ne rien réclamer... si elle laisse les autres puissances se partager le butin si riche de l'Empire des Osmanlis qui s'écroule, on peut être certain qu'elle sait où pouvoir prendre ailleurs des compensations, et ce qu'elle convoite sera aussi profitable à l'affermissement et à l'accroissement de la puissance allemande en 1878, que l'a été, en 1772, l'annexion des riches provinces polonaises à ce qui n'était alors encore que le petit duché de Prusse.

Ainsi donc :

La Turquie disparaît d'Europe ou peu s'en faut. La Russie vient établir les frontières de son empire à

quelques heures de marche seulement de Constantinople.

L'Autriche reçoit, en échange de sa parfaite neutralité et de son incroyable apathie, la permission de
mettre la main sur la Bosnie et l'Herzégovine.

L'Angleterre sera calmée par la latitude qu'on lui
laissera d'affirmer sa puissance en Égypte. — L'Allemagne, qui ne dit rien, a déjà tout préparé pour s'em-
parer de la Hollande, peut-être de la Belgique, et
à coup sûr d'une partie de la Suisse allemande.

A l'Italie, on a réservé des compensations ulté-
rieures, qui lui sont assurées, dans un temps très-
prochain, par les trois empereurs et surtout par les
événements qui se préparent ; l'Italie est donc pour-
vue aussi, et le partage, comme on le voit, est com-
plet. Ce n'est pas seulement celui de la Turquie, c'est
le remaniement entier de la carte de l'Europe au profit
des puissances alliées.

Or, dans tout cela, que devient la France ? Que devient la France de Sébastopol, la France signataire
du traité de Paris, la France qui dicta la paix de Villafranca, la France qui donna la Vénétie à Victor-Em-
manuel et fit l'unité de l'Italie, la France qui, après
avoir sauvé la puissance anglaise dans les Indes en
1854, a encore ouvert un chemin au commerce européen à travers l'isthme de Suez ?... Hommes d'État du
jour, qu'avez-vous fait de la France ? Hélas ! la France,
grâce à vous, reste seule avec... sa République.

Républicains, répondez. Hommes du 4 Septembre,
dites, dites-nous, qu'avez-vous fait de la France depuis huit ans que vous êtes au pouvoir ? Qu'avez-vous
su faire pour la patrie en face des terribles événements qui viennent d'avoir la Bulgarie et l'Arménie
pour théâtre ?

Vous êtes muets et restez confondus, mais non pas

effrayés, car vos capacités politiques ne vous permettent pas de vous rendre un compte exact du mal que vous avez occasionné à votre pays, et, comme si ce n'était pas assez, à l'Europe entière.

Ce que vous avez fait de la France? nous allons vous le dire : après l'avoir souillée de vos rouges saturnales et livrée aux ennemis qui envahissaient son territoire, vous l'avez mise si bas, qu'elle ne compte plus aujourd'hui dans le concert des puissances; bien plus encore, vous êtes parvenus à la rendre presque ridicule!...

Ce que vous avez fait pour Elle! Rien que du mal... Et non-seulement vous n'avez pas su la faire respecter et estimer dans le malheur, mais vous vous êtes ligués avec les ennemis du dehors pour l'anéantir complétement.

. Vous avez sifflé et tourné en ridicule les sentiments honnêtes et patriotiques du peuple. Vous avez pendant sept années prêché la lâcheté. Vous avez condamné cet admirable esprit militaire qui avait fait de quelques vaillantes tribus gauloises la grande et noble nation française. Vous avez attaqué la religion, la famille et l'armée. Tous vos efforts se sont concentrés contre ces bases sacrées de toute société et de toute nation. Vous avez si bien réussi, qu'aujourd'hui il ne reste rien, plus rien d'intact. Tout a été sali, bafoué, attaqué et renversé par vous. — Et non-seulement nous n'existons plus à l'étranger comme puissance, mais nous sommes en train même de disparaître complétement à l'intérieur en tant que nation.

Grâce aux républicains, si cela continue, la France ne sera bientôt plus qu'une auberge, et Paris le rendez-vous des vices de l'Europe... Voilà la France des républicains!

Les républicains croient avoir tout dit et tout fait quand il s'agit de l'Exposition universelle de 1878.

On parle de la guerre d'Orient ; les républicains répondent : Exposition.

On parle du budget qui n'est pas voté ; ils répondent encore : Exposition.

On soulève la question du congrès de Berlin : Exposition ! Exposition ! toujours Exposition !

Nous trouvons à ce sujet dans le *Pays* du 12 mars une réponse qui a naturellement place ici et que nous nous empressons de reproduire :

« La France sera-t-elle représentée ou non à la Conférence de Berlin ? Le gouvernement ne paraît pas s'en soucier, mais M. de Bismarck semble y tenir beaucoup. Si l'Allemagne désire tant que la R. F. envoie un de ses diplomates à la Conférence que présidera le grand chancelier, c'est évidemment qu'elle veut placer sous nos pas quelque traquenard. M. Waddington saura-t-il l'éviter?... On nous objectera peut-être que la décision prise, il y a quelques jours, par l'empereur d'Allemagne, touchant l'Exposition, et la visite soi-disant gracieuse que le prince de Hohenlohe a faite des travaux du Champ-de-Mars, contredisent légèrement ces hypothèses pessimistes. A quoi nous répondrons franchement que les personnes qui sont bien au courant de nos affaires extérieures n'ont qu'une médiocre confiance dans ces manifestations, — très-anodines, du reste. Si vous les poussez un peu, les susdits personnages vous citent aussitôt la petite scène suivante, qui se passait, il y a quelques jours, à Berlin. Un homme politique entretenait M. de Bismarck de l'Exposition universelle et de la visite de l'ambassadeur d'Allemagne. L'interlocuteur du prince s'imagina d'ajouter :

« Vous devriez, vous aussi, faire à Paris, cet été, la surprise d'une visite, et vous donner là bonne grâce de parcourir les galeries de l'Exposition. Les Français ne vous aiment pas, mais ils vous admirent, et vous seriez assuré du meilleur accueil !

« — C'est possible, répondit laconiquement le chancelier, mais on ne peut décemment accepter à dîner chez des gens dont on veut casser la vaisselle... »

Le trait est brutal. A-t-il été lancé ? Nous n'oserions l'affirmer, mais il circule comme a circulé un autre mot du prince de Bismarck à son fils qui lui parlait de l'Exposition :

« Oui, l'Exposition s'ouvrira, aurait répondu le grand chancelier, mais elle s'ouvrira à coups de canon ! »

Il suffit que de pareils propos aient beaucoup de vraisemblance et qu'ils résument avec une triste exactitude la situation pour refroidir les enthousiasmes et entretenir les craintes.

Voilà donc ce que les républicains ont fait de la France !... La nation qui promena jadis son drapeau tricolore victorieux de Gibraltar à Moscou, et des Pyramides à Wagram et à Iéna, n'a plus de rang aujourd'hui en Europe. Nos pères ont dicté des lois à toutes les puissances et au monde, prosternés devant leur grandeur ; aujourd'hui, les fils des héros de Fontenoy, d'Austerlitz, de Sébastopol et de Magenta en sont réduits à n'être autre chose que les aubergistes de l'univers ! La France loge à pied et à cheval ; ses citoyens, la serviette sur le bras, versent à boire et servent à manger à leurs voisins, et Paris est la grande hôtellerie à la mode, où l'on va bientôt entendre le choc des verres mêlés aux éclats de rire des filles et aux lazzis des hommes de tous pays qui vont s'y rencontrer pendant cette foire internationale qui s'appellera l'Exposition universelle de 1878.

Les républicains n'ont pas compris ce qu'il y a de

cynique et d'inconvenant dans la conduite de ce peuple qui, remis à peine de ses désastres, sans influence extérieure, sans force au dedans, ne trouve rien de mieux que de convier les peuples, ses voisins, à un gigantesque rigodon, à un pantagruélique festival, alors que les plaies de la défaite sont encore saignantes, alors que les ruines de la guerre étrangère et de la guerre civile fument encore, et que les conseils de guerre de la Commune prononcent encore des arrêts.

Ils n'ont pas compris, ces citoyens républicains, qu'en ce moment, les efforts d'une nation sage ne devaient avoir d'autre but que la réorganisation militaire et sociale, d'autre aspiration que la revanche et le relèvement.

Ils n'ont pas compris, ces radicaux, que l'heure présente était pour le pays aux pensées austères et graves, au travail qui répare, au patriotisme qui prépare et qui venge, au recueillement et à la douleur enfin, qui imposent le respect et l'estime même aux ennemis, et non aux joyeux flonflons. Ils n'ont pas compris cela ; et au lieu de cacher leurs plaies des deux guerres de 1870-71, au lieu de travailler en silence et avec ce courage que donne l'amour de la patrie, au lieu de n'avoir qu'un souci, qu'une idée, qu'une volonté, REDEVENIR FORTS... pour redevenir la France puissante d'autrefois, ils n'ont qu'une préoccupation, ces républicains néfastes, une seule : c'est de préparer et d'orner la salle des fêtes du palais sodomien du Trocadéro, c'est d'attirer les saltimbanques et les musiciens... *nunc est bibendum ;* c'est de faire de la capitale de la France, jadis le cœur de la patrie et la tête des nations, un vaste champ de foire, pour la kermesse républicaine et universelle qu'ils ont organisée.

Et pendant ce temps, comme nous l'avons déjà dit, la Russie signe le traité de San Stéfano ; l'Angleterre jette les yeux sur l'Égypte, sur l'île de Mételin et de Ténédos ; l'Autriche s'apprête à s'annexer la Bosnie et l'Herzégovine, et l'Allemagne, à s'incorporer la Hollande et la Suisse romane, sinon la Belgique ; l'Italie réclame la Dalmatie ; Nice, la Savoie et Toulon... Et M. Gambetta, mis en belle humeur par les vins délicieux et les cigares exquis du café Anglais, ne trouve pas le courage ni la force de refuser ce petit cadeau affectueux à son bon ami, M. Crispi, et à ses anciens compatriotes, les Italiens !...

Ainsi donc on nous partage et l'on rogne nos provinces comme si nous étions une simple Turquie !

C'est là la situation humiliante, impossible, dans laquelle nous plonge le régime cher *au même titre* à M. Rochefort et à M. Gambetta, à M. Félix Pyat et à M. de Marcère, à M. de Choiseul et à M. le duc d'Audiffret aussi bien qu'à l'*égaré* communard Vermesch ; voilà, disons-nous, dans quel état, les hommes issus de la révolution criminelle du 4 Septembre ont jeté la France, au moment où la plus grave question européenne va se régler... se régler *sans nous* ;et *contre nous*.

Pour ceux qui douteraient que tout ce qui se fera au Congrès sera fait CONTRE NOUS, nous citerons l'information suivante :

Un personnage bien informé a envoyé au *Journal de Genève* le récit d'une conversation que M. de Bismarck aurait eue, quelques jours après la signature du traité de San Stefano, avec l'ambassadeur de la Grande-Bretagne.

Après avoir conseillé au ministre anglais de laisser la Russie faire en Orient et d'accepter les faits accomplis, le chancelier de l'empereur Guillaume aurait ajouté : « A qui feriez-vous la guerre ? Mais vous avez peu de soldats, votre armée est excellente, mais peu nombreuse, vous auriez des volontaires; mais vos jeunes gens de la cité de Londres, de Liverpool, de Manchester ne tarderaient pas à trouver bien dure la vie de campagne...

« En un mot, vous m'accorderez bien que vous pourriez être vaincus, et que votre situation serait alors tout à fait mauvaise. Et pourquoi vous y exposer? Que vous fait la Bulgarie? Que vous fait la Bessarabie? Que vous fait le Danube? Non, vous n'avez qu'un souci, qui est la route de l'Inde, et cette route, vous le savez fort bien, elle ne passe pas par la vallée de l'Euphrate, mais par le canal de Suez, par l'Égypte.

Eh bien! prenez l'Egypte! »

Lord Odo Russel fit un mouvement à cette conclusion brusquement et crûment énoncée :

« Mais certainement, reprit M. de Bismarck; avec l'Égypte, Malte et Gibraltar, il ne se passera dans la Méditerranée que ce que vous voudrez, et nous serons tous contents... excepté la France peut-être; *mais nous ne sommes chargés, ni vous ni moi, de faire le bonheur de la France.* D'ailleurs cette puissance se résignera assez vite. Depuis l'expédition de Bonaparte, elle a dû perdre l'illusion de jamais faire de l'Égypte quoi que ce soit à son profit. Il lui suffit maintenant que ses intérêts matériels y soient sauvegardés, et elle ne saurait les voir en de meilleures mains que les vôtres. »

Ainsi parla le chancelier allemand.

(Estafette du 17 mars 1878.)

On le voit, les préliminaires de la paix de San Stefano ne sont que le prologue, fort intéressant sans doute mais plein de menaces, de ce qui va se passer au Congrès de Berlin.

La Conférence dont il était question s'est transformée en *Congrès*, et ce n'est ni à Baden-Baden, ni à Genève, ni même à Bruxelles, ni à Pesth, ni à Vienne, ni à Constantinople, mais bien à Berlin que doit avoir lieu le Congrès, où il sera décidé du sort de l'Europe, et procédé au partage du vieux continent entre les associés et les alliés du jour.

Oui, c'est à Berlin que se réunira le Congrès, et M. le prince de Bismarck a *daigné* en accepter la présidence !!!.

Il serait puéril et dangereux, croyons-nous, de s'appuyer sur la récente *gracieuseté*, comme disent les feuilles républicaines de l'empereur Guillaume, qui a permis aux artistes allemands (aux artistes seulement) de participer à l'Exposition de 1878, pour juger des intentions bienveillantes de la Prusse à notre égard.

Tout, malheureusement, prouve le contraire, et comme le dit fort justement la *Patrie :* « Les bonnes grâces de l'Allemagne à l'égard de la France sont de celles qui cachent un bloc ne disant rien qui vaille. Pendant que l'Allemagne enverra à Paris quelques tableaux et statues, M. de Bismarck présidera probablement le Congrès, et ce ne sera certainement pas pour défendre les intérêts de la France que cette présidence lui sera dévolue. La réunion du Congrès coïncidant, ou à peu près, avec l'ouverture de l'Exposition, ne semblera-t-elle pas une ironie bismarckienne ? »

D'un autre côté, est-il besoin d'insister pour faire apercevoir combien serait délicate et fausse notre situation, si, par cas, les républicains, souverains du moment, déguisés en diplomates pour la circonstance, osaient aller s'asseoir auprès du chancelier de fer et de ces hauts personnages comme rang, talents et capacifés, qui s'appellent Gortschakoff, de Bulow, Derby, Odo Russell, Andrassy, de Beust, Ignatieff... Mais à quoi bon parler des impossibilités !

Tout le monde comprend trop bien, hélas ! qu'il est impossible à la France, dans l'état piteux où l'ont mise les républicains, de figurer utilement et surtout dignement au Congrès.

En effet, de quelle force morale pourraient disposer les agents du numismate Waddington, duquel on a pu dire, comme de Paschal Grousset, qu'il est ministre des affaires *qui lui sont* étrangères, excessivement étrangères même ?

La France, telle que l'ont accommodée les opportunistes, les radicaux et autres nouvelles couches, a-t-elle, pour la représenter au Congrès, un gouvernement dont l'influence pourra avoir quelque action et qui a chance d'être subie ?... Mais le gouvernement de M. Gambetta et de son humble serviteur M. de Marcère n'est pas seulement *reconnu* par les puissances dont les représentants vont s'assembler autour du tapis vert du Congrès de Berlin !... Par conséquent, nous sommes donc sans influence et sans puissance au point de vue extérieur.

La France a-t-elle, alors, une armée vaillante et forte, instruite et disciplinée, qui, en dehors de l'influence morale, saurait exercer une pression efficace pour la revendication de ce qui pourrait être le *droit* et les intérêts de la France, dans les débats de ce partage européen, et dans ce remaniement de la vieille carte de l'Europe ?... Mais non ; loin de là, au contraire. Depuis sept ans, on songe seulement aujourd'hui qu'il faut enfin réorganiser sérieusement l'armée, et on se souvient qu'une loi a décrété la formation d'une armée territoriale dont on ne s'est jamais occupée... que pour la forme et dans les bureaux.

Au lieu de travailler aux armements et à la défense, les hommes qui détiennent le pouvoir s'amusaient à changer les fonctionnaires, à *épurer* l'administration, à invalider les députés conservateurs, et à faire voyager les commissaires enquêteurs.

Au lieu de respecter et d'encourager l'armée, et de tenir la main à l'instruction sérieuse, complète, à la discipline inflexible et sévère, sans lesquelles il n'existe pas de véritable armée, les républicains désorganisaient ce qui nous restait intact de nos vieilles gloires ; ils révoquaient les généraux, sacrifiaient à leurs haines des héros comme Ducrot et faisaient mépriser le principe d'autorité, en prêchant la désobéissance et l'indiscipline, avec leurs dangereuses et coupables théories « sur les baïonnettes intelligentes », et en votant une épée d'honneur au major Labordère, l'insoumis, l'indiscipliné.

Nous voilà donc absolument impuissants à l'intérieur, diplomatiquement et militairement.

Mais... peut-être avons-nous des alliances ?... Hélas ! nous les cherchons et n'en trouvons pas une, pas même celle du schah de Perse !... D'ailleurs, puisqu'on vous dit que la République n'est seulement pas officiellement reconnue par les puissances étrangères ! Qui pourrait être son alliée ?

Outre les documents et extraits de journaux que nous avons déjà cités, chaque jour de nouvelles informations viennent augmenter nos patriotiques préoccupations. Nous voulons donner à ce sujet un long extrait que nous trouvons dans un journal de province.

Le *Salut public* de Lyon a reçu de Paris les intéressantes révélations qui suivent au sujet des craintes qu'inspire l'attitude de la Prusse et de la Russie. C'est un personnage politique ayant des attaches puissantes avec plusieurs diplomates anglais qui donne ces renseignents, et voici ce qu'il écrit :

« L'œuvre de la Russie est achevée; maintenant va commencer celle de l'Allemagne. Quand bien même l'Angleterre et l'Autriche feraient la guerre, les conséquences, vous allez le voir, seraient pour la France exactement les mêmes. Tout ce que l'Allemagne veut de la Russie c'est son abstention. Après la guerre de 1870-71, les Français se tournèrent vers la Russie; on cita dans les salons et dans les journaux certains propos qui auraient été échangés entre le grand-duc héritier, par exemple, et M. Thiers. Il semblait résulter de là que la France pouvait compter sur un appui, sinon matériel, du moins moral, de la Russie. M. de Bismarck vit le coup, et pour le parer, il n'épargna, depuis cette époque, aucune manœuvre et aucune menée. L'entrevue des trois empereurs fut le premier résultat de cette tactique. C'est alors que la question d'Orient fut agitée, et que la Russie reçut l'assurance qu'elle ne serait point arrêtée dans ses projets de conquête ! Aujourd'hui, les cartes sont si bien mêlées que personne en France ne tourne plus ses regards vers la Russie.

« Voilà donc un point noir de supprimé... pour M. de Bismarck.

« La Russie et l'Allemagne marchent de concert, et il pourrait même arriver ceci, que, dans le cas où l'Angleterre et l'Autriche agiraient avec vigueur et promptitude, l'empereur Guillaume envoyât une partie de l'armée allemande dans les Balkans.

« Mais alors, me direz-vous, ce serait le moment pour nous de profiter de cette diversion et de nous unir à l'Angleterre et à l'Autriche?...

« Vous avez raison; seulement, M. de Bismarck tâche,

à l'heure qu'il est, de s'assurer de notre neutralité. Pour cela, il affecte de donner la main à M. Waddington, et, dans ses entretiens avec les diplomates français, il insinue que, pour prix de cette « neutralité », il pourrait bien consentir à la rétrocession d'une partie de la Lorraine. Vous voyez d'ici l'enthousiasme de nos républicains ! Ce n'est pas tout : M. de Bismarck donnerait aussi à entendre qu'il accorderait peut-être une compensation du côté de la Belgique, qui, dans la pensée du chancelier, doit faire partie de l'empire allemand avec la Hollande.

« Car il faudra bien que l'Allemagne s'annexe l'Europe occidentale comme la Russie est en train de s'annexer l'Europe orientale. La Hollande, la Belgique, le Luxembourg, le Danemark et une partie de la Suisse : voilà la proie désignée d'avance aux convoitises germaniques.

« Vous avez dû remarquer, ces jours derniers, une certaine hésitation du côté de l'Angleterre et de l'Autriche, malgré la conclusion imminente du traité de paix qui réunira leurs intérêts. Cette hésitation naît uniquement de l'attitude de la France. Le comte Andrassy disait, il y a quelques jours, à l'ambassadeur anglais à Vienne : « Non-seulement nous ne pouvons pas compter sur la France, *mais je crains fort de la voir seconder les projets de M. de Bismarck.* Nous devons nous tenir sur nos gardes et ne pas agir à la légère. »

« Les conséquences d'une pareille politique sautent aux yeux. Aujourd'hui, notre diplomatie est prête à aider l'Allemagne à s'agrandir encore aux dépens de la Belgique, de la Hollande et de la Suisse ! Et elle compte sur la reconnaissance de M. de Bismarck qui, l'autre jour, disait à l'un des confidents de ses vastes projets : « Pour faire ces annexions, il nous faut écraser une seconde fois la France et la mettre dans l'impossibilité absolue de pouvoir former une coalition avec l'Angleterre et l'Autriche. Sans cela, l'empire d'Allemagne sera toujours menacé, eût-il les 50 millions d'habitants que je veux lui donner. »

« Ces renseignements que je vous donne, ajoute le correspondant du *Salut public*, ne sont point de simples conjectures : je vous raconte ce que je vois, ce que j'entends et ce que ma position m'apprend. Je les compléterai dans quelques jours. »

Nous n'ajouterons qu'un mot : ces informations du correspondant du *Salut public* sont en conformité parfaite avec les renseignements donnés par la *Presse*. Il y a là une concordance qui frappera tout le monde. Émanées de sources différentes, ces révélations acquièrent de la sorte une autorité dont nos gouvernants feraient bien de tenir compte.

La position de la France au Congrès serait donc intolérable, et nous venons de démontrer que la présence de ses représentants y est impossible. Ce représentant fût-il le maréchal de Mac-Mahon, le chef de l'État lui-même, le seul avec qui les puissances entretiennent des rapports.., ainsi que l'a fait parfaitement comprendre l'empereur de Prusse à M. de Saint-Vallier, quand il lui a dit dernièrement en recevant ses lettres de créance : « qu'il était l'*envoyé du maréchal de Mac-Mahon.* »

D'ailleurs, M. Gambetta qui sait, bien mieux que nous encore, dans quelle triste situation il a mis notre pauvre pays, nous conseille aujourd'hui, dans son journal, de ne pas songer à assister au Congrès.

La *République française* a publié un article sur l'attitude que doit garder la France au moment où vont se régler, dans une conférence, les graves questions soulevées par le conflit oriental.

La France, dit le Talleyrand anonyme du journal gambettiste, doit décliner l'honneur d'y siéger. Très-résolue à rester neutre, elle ne peut faire acte d'ingérence, il n'est pas digne d'elle de participer à une négociation au bout de laquelle elle s'interdit d'imposer une sanction.

Le but de cet article, on le comprend, est de déguiser sous les fleurs d'une très-habile rhétorique la triste impuissance à laquelle le parti radical condamne la France, et de lui conseiller même de ne prendre part à aucune des délibérations que l'Europe provoquerait sous le nom de congrès ou de conférence.

Les républicains, comprenant que la forme actuelle de notre gouvernement n'est et ne peut-être sympathique aux puissances étrangères, s'efforcent de nous tenir en dehors du concert européen.

De l'aveu même de M. Gambetta, la France ne peut prendre part au Congrès. Pour cette fois-ci seulement nous pensons comme le chef des opportunistes... mais nous le déplorons.

« La France *ne peut...* » telle est la conclusion que nous avons tirée des considérations auxquelles nous nous sommes livré.

« La France *ne peut...* » Soit; mais DEVRAIT-ELLE figurer à cette Conférence? Voilà ce qu'il convient d'examiner. Certes oui, elle le *devrait*, et il le *faudrait* surtout pour ses intérêts comme pour sa dignité. Car enfin, nous en revenons toujours à notre proposition : « Ce qui sera fait sans elle, sera fait contre elle. »

La France a été l'arbitre de l'Europe pendant trop longtemps, pour pouvoir se désintéresser dans des questions qui la touchent de si près, avec l'aisance, la facilité et l'humeur légère que prend M. Gambetta en parlant de ces choses graves.

On ne peut oublier si facilement et si allègrement, que c'est au Congrès de Berlin que seront définitivement déchirés les traités de Paris et de Villafranca ; or, ces traités, c'est la France impériale qui les a dictés, et non-seulement la France d'aujourd'hui devrait intervenir dans les débats qui auront lieu à Berlin, mais encore elle devrait les présider.

Les républicains ne l'ont pas permis.

Les républicains nous ont isolés en Europe.

Les républicains nous ont rendus impuissants au dedans comme au dehors. L'histoire les jugera.

Ils nous ont fait déchoir du premier rang au dernier ; sans eux, nous aurions pu espérer sympathie, estime, respect de la part des nations étrangères ; avec eux, nous ne recueillons que mépris, affronts et méfiance de la part des nations monarchiques nos voisines.

On nous fuit comme des pestiférés... Aux yeux de l'Europe monarchique, nous semons la mauvaise parole, nous soufflons le vent des tempêtes, et on nous relègue comme des lépreux ; encore un peu de temps du régime opportuniste et radical, et la France deviendra l'ilote de l'Europe, le paria de l'univers... Telle est la moralité que nous tirons de la position humiliée dont nous souffrons.

Voilà ce dont le parti républicain aura à répondre un jour devant l'opinion publique et ce dont nous l'accusons aujourd'hui, au nom de la Patrie.

C'est donc aux républicains que nous devrons tout le mal et toutes les conséquences désastreuses qui pourront surgir des événements excessivement graves qui vont se dérouler au Congrès de Berlin. Et ce n'est pas sans de légitimes alarmes que les gens qui aiment leur **pays** pensent à cette réunion. Comme nous, certains politiques, les sages, à notre avis, craignent de la part de M. de Bismarck un traquenard contre la France ; et nous pensons que le moins qui se puisse faire, sera de faire ratifier par l'Europe assemblée la conquête de l'Alsace-Lorraine et accepter l'accroissement de la toute-puissance prussienne du côté de la mer du Nord.

L'Autriche aura assez de défendre ses intérêts et de trouver une barrière suffisante contre l'extension et l'envahissement de l'élément slave. Ce n'est donc pas sur l'Autriche qu'on peut compter pour protéger les intérêts de l'Europe et maintenir ce *fameux équilibre européen*, qui a cessé d'être une réalité, le jour où la Prusse a détruit la puissance française et l'influence que notre pays exerçait auprès des nations étrangères.

Une seule nation est donc maîtresse souveraine aujourd'hui de l'existence de toutes les autres : c'est la Prusse. Nous ne parlons pas de la Russie qui a sa part taillée, et bien taillée, et qui laissera faire tout ce qu'on voudra, pourvu qu'on ne lui conteste pas ses dernières conquêtes.

L'alliance des trois empereurs porte ses fruits : la paix de San Stefano en est un des plus beaux ; mais il ne sera donné qu'à la Prusse et à la Russie d'en pouvoir goûter la saveur.

Ici, comme dans beaucoup de marchés, il y a une dupe, et nous craignons fort que ce ne soit l'Autriche qui joue ce rôle. Cette dernière nation commence à le comprendre. Les efforts que M. Andrassy tente pour atténuer le fâcheux résultat de la politique qui a été jusqu'ici suivie le prouvent surabondamment. L'éminent homme d'État parviendra-t-il à écarter de son pays les périls qui le menacent? Nul ne sait. Peut-être, ne pourra-t-il parvenir qu'à éviter la guerre. C'est déjà beaucoup, il est vrai; mais ce n'est point assez.

Quant à nous, étant données les considérations qui précèdent, nous nous demandons, avec M. Gambetta, quelle serait notre attitude au Congrès ?

Et pourtant notre dignité, nos intérêts, notre existence comme nation nous interdisent l'abstention.

L'abstention !... Mais ce serait presque une mort morale. Chacun comprend à quelle prudence la France est condamnée... de par le radicalisme; et nous-mêmes n'avons pas assez de larmes, assez de gémissements à répandre sur la triste et humiliée position que les républicains nous ont créée; mais ce que la France ne peut ni comprendre ni tolérer, c'est d'être trompée sur l'état réel de ses affaires extérieures.

Il y a contre la France, il ne faut pas se le dissimuler, des dispositions plus ou moins latentes sur lesquelles ce n'est pas ici le lieu de récriminer, mais que nous voulons bien faire constater. C'est pourquoi nous nous élevons contre cette coupable tendance de nos gouvernants qui s'évertuent à dire le contraire de la vérité, c'est-à-dire : *que la paix est assurée.* Pourquoi donner au pays cette fausse sécurité, dont le moindre inconvénient est d'enhardir les partis à détourner la France du seul soin qui doive l'occuper, le soin de sa défense ? « *Si vis pacem, para bellum* »; dit le vieil axiome politique qui résume la sagesse des nations. Les républicains ont changé tout cela; il est vrai qu'ils font si peu commerce avec la sagesse qu'ils peuvent l'ignorer au point de ne la pratiquer jamais.

Les républicains ont employé une méthode qui

n'est pas à la portée de tout le monde, mais qui leur a merveilleusement réussi.

Les élections en octobre dernier se sont faites au bruit de cette parole : « Votez pour la République, pour éviter la guerre. Votez rouge, vos fils ne partiront pas, votez pour les candidats républicains, et nous aurons la paix... » Oui... effectivement ; nous avons en effet la paix de *San Stefano*... et qu'on le sache bien, cette paix qui vient d'être signée aux portes de Constantinople, donne le dernier coup à la puissance française, agonisante sous l'étreinte du radicalisme ; la paix de San Stefano est plus terrible qu'une bataille perdue, pour notre patrie ; et le Congrès de Berlin qui en est la conséquence immédiate, sera comme le corollaire de nos défaites de 1870, en nous infligeant en face de l'Europe une nouvelle défaite, un nouveau désastre : la suprême humiliation, l'aveu de notre impuissance.

Aussi, pouvons-nous mal contenir notre indignation, lorsque nous voyons les feuilles dévouées aux républicains, à ces républicains qui entretiennent si bruyamment un scandaleux commerce d'amitié avec les ennemis de la France, se vanter de la paix qu'ils veulent maintenir à tout prix et célébrer les mérites de l'abstention.

Les républicains ont habilement semé dans le pays l'horreur de la guerre, ils ont spéculé sur le besoin et le désir de paix que manifestait le pays, ils ont fait de la guerre une arme de parti, disons-le mot, ils ont fait appel à la lâcheté, après avoir eu soin d'éteindre préalablement, dans le cœur des citoyens, tous les sentiments nobles et généreux ; ils ont nié le patriotisme, ils ont bafoué la Vertu, la Justice et l'amour de la Patrie, comme la Religion et la Famille. Ils ont combattu le 16 Mai en exploitant la couardise et la soif de jouissances d'un peuple qu'on corrompt pour le mieux dominer. Ils ont réussi. Ils sont presque au comble de leurs vœux.

Ils avaient renversé déjà l'édifice social, à l'intérieur; maintenant, ils sont près d'atteindre leur dernier idéal : *l'anéantissement de la Patrie.*

Le Congrès qui va s'ouvrir dans quelques jours à Berlin réserve certainement d'étonnantes surprises pour l'Europe et le monde; cependant, nous ne croyons pas nous tromper, en disant qu'il aura *surtout pour la France de M. Gambetta et de M. de Marcère* des résultats mirifiques. Ce sera en quelque sorte le couronnement de l'édifice républicain; mais ce sera M. de Bismarck qui se chargera de le poser ou, pour mieux dire, *de l'imposer...* ce sera notre couronne d'épines !!

Timeo Danaos et dona ferentes;

Comme Énée craignait les Grecs, même lorsqu'ils faisaient des présents, nous craignons, nous aussi, les sourires et les *gracieusetés* qu'on nous adresse de Berlin.

Après l'avoir péremptoirement refusé, le gouvernement allemand permet la participation des artistes à l'Exposition de 1878... C'est le cas de se demander avec M. de Talleyrand...: « Quel intérêt le prince de Bismarck a-t-il donc à être si aimable ? »

Mais nous ne voulons pas nous attarder davantage à démontrer ce que tout le monde sent, ce que tout le monde comprend.

Nous ne connaîtrons que trop tôt, hélas ! la saveur des fruits amers de la politique que le pays suit depuis huit ans.

Si les républicains consentent à se risquer au Congrès de Berlin, Dieu et le Chancelier de fer, seuls, savent ce qui en résultera! C'est pourquoi M. Gambetta avait politiquement raison, alors qu'il conseillait à notre diplomatie de ne pas rechercher cet honneur... cet honneur qui pourrait dégénérer en une humiliation profonde.

Pourtant, M. Waddington, dit-on, ne veut laisser à personne le soin de représenter la France au Congrès.

M. Waddington a-t-il réfléchi aux difficultés, à la délicatesse, à la responsabilité d'une telle mission?

Les courageux et les braves, nous le savons, sont attirés par le péril... En ce cas, M. Waddington est brave et courageux.

Mais, le courage seul ne suffit pas toujours à écarter le danger. Il faut autre chose.

Le ministre des affaires étrangères aura-t-il ce qu'il faut?

Car enfin, la France ne peut pourtant pas aller au Congrès, pour voir déchirer les traités de 1856, de 1859 et de 1871 et opiner silencieusement du bonnet à tout ce qui sera fait.

Ces traités ont été violés... Elle a une protestation à faire entendre.

Ces traités seront déchirés... Elle a des droits à défendre, des réclamations à formuler.

Encore une fois, nous le demandons, comment protestera-t-elle? Comment fera-t-elle valoir ses droits et de quelle façon saura-t-elle les défendre?

Toute la question est là, et c'est à ceux qui sont cause de notre ruine, de notre abaissement et de notre isolement en Europe, que nous demandons de répondre, s'ils le peuvent.

N'ayant garde de l'oublier eux-mêmes, on dirait que les républicains se donnent la tâche de nous empêcher d'oublier le cri coupable qu'ils ont poussé en 1870... **Périsse la France plutôt que la République !**

Ils font aujourd'hui, comme alors, bon marché de la Patrie. Aussi ce ne sera pas un mince étonnement pour la postérité qui lira l'histoire de ces temps-ci, de constater le peu de cas que le parti républicain a fait, fait, et fera toujours, de l'henneur et de l'existence du Pays.

Pour nous, si nous avons relevé la devise républicaine citée plus haut, c'est pour adresser au ciel ce vœu patriotique que, si quelque chose doit périr.... **ce ne soit pas la France !!!**

PARIS. — IMP. F. DEBONS ET Cᵉ, 16, RUE DU CROISSANT.

www.ingramcontent.com/pod-product-compliance
Lightning Source LLC
Chambersburg PA
CBHW071428030726
47594CB00006B/2630